# Virée au Grand Canyon !

**L'auteur : Joanna Cole** a eu une prof de sciences qui ressemblait un peu à Mlle Bille-en-Tête. Après avoir été institutrice, bibliothécaire et éditrice de livres pour enfants, Joanna s'est mise à écrire.

**L'illustrateur : Yves Besnier** est né en 1954. Il habite à Angers. Il illustre des affiches publicitaires ainsi que des livres pour enfants chez Gallimard, Nathan, Hatier, Bayard. Il a illustré *Cendorine et les dragons* et *Cendorine contre les sorciers*, pour Bayard Éditions.

L'auteur tient à remercier Dr. John D. Humphrey, pour ses conseils judicieux.

Titre original : *Rocky Road Trip*
© Texte, 2003, Joanna Cole et Bruce Degen.
Publié avec l'autorisation de Scholastic Inc., 557 Broadway, New York, NY 10012, USA.
Scholastic, THE MAGIC SCHOOL BUS, le Bus magique et les logos sont des marques déposées de Scholastic, Inc. Tous droits réservés. Reproduction, même partielle, interdite.
© 2010, Bayard Éditions pour la traduction-adaptation française et les illustrations.
Conception : Isabelle Southgate.
Réalisation de la maquette : Éric Doxat.
Loi n°49 956 du 16 juillet 1949
sur les publications destinées à la jeunesse.
Dépôt légal : avril 2010 – ISBN : 978 2 7470 2808 0.
Imprimé en Allemagne par CPI-Clausen & Bosse.

# Virée au Grand Canyon !

Joanna Cole

Traduit et adapté par Éric Chevreau
Illustré par Yves Besnier
d'après les personnages créés
par Bruce Degen

bayard jeunesse

# La classe de Mlle Bille-en-Tête

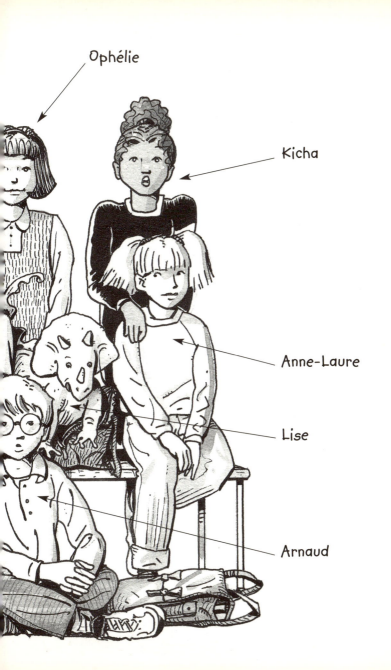

# Bonjour, je m'appelle Carlos

et je suis dans la classe de Mlle Bille-en-Tête.

Tu as peut-être entendu parler d'elle,
c'est une maîtresse extraordinaire,
mais un peu bizarre.
**Elle est passionnée de sciences.**
Pendant ses cours, il se passe toujours
**des choses incroyables.**

En effet, Mlle Bille-en-Tête
nous emmène souvent en sortie

dans son **Bus magique** qui peut se transformer
en hélicoptère, en bateau, en avion...

Ah ! J'oubliais ! La maîtresse s'habille
toujours en rapport avec le sujet étudié,
et elle a un iguane, Lise. Original, non ?

Dans ce livre, tu trouveras les exposés
que nous préparons à la maison,
ainsi que les explications contenues
dans le *Guide du Grand Canyon*
que nous a remis la maîtresse.

Ainsi, tu seras incollable
sur les merveilles du monde minéral.
Et ça, ce n'est pas mal non plus !

# 1

# De mystérieuses pierres

– Tout ça, c'est de ta faute, Carlos..., gémit Arnaud. À toi... et à ton grand-père !

Le pauvre est assis à côté de moi. Il est tout pâle et se tient le ventre. L'avion magique à réaction vient d'atteindre sa vitesse de croisière, et il vaut mieux avoir l'estomac bien accroché !

– Il fallait vraiment que tu apportes ce caillou en classe ce matin ? reprend Arnaud.

Là, mon sang ne fait qu'un tour.

– Ce n'est pas un vulgaire caillou, mais un morceau de roche !

On ne plaisante pas avec mon passe-temps préféré : la minéralogie. En ce moment, je suis gâté ! Cela fait une semaine que nous travaillons sur ce sujet à l'école. Et, hier, j'ai trouvé dans mon grenier un mystérieux morceau de roche. D'après ma mère, mon grand-père l'aurait rapporté d'Amérique, où il était géologue. C'est le métier que je veux faire plus tard.

## Mon futur métier

Le géologue observe les gisements de roches, leur formation et leur transformation par les forces qui s'exercent sur la planète (le vent, l'eau, la glace, la chaleur, la pression).

Le minéralogiste, lui, étudie la composition de ces roches qui composent l'écorce terrestre, appelée aussi croûte terrestre. C'est la couche de roches qui enveloppe la Terre comme une coquille.

Carlos

Ce matin, j'ai donc apporté ma pierre à l'école. Mlle Bille-en-Tête m'a demandé d'où elle provenait.

– D'Arizona, aux États-Unis. Mon grand-père a fait des recherches dans une mine désaffectée du Grand Canyon.

Les yeux de la maîtresse se sont mis à briller.

– Moi aussi je possède quelques spécimens, et vous allez m'aider à les identifier.

Elle s'est dirigée vers le fond de la classe. Au-dessus de l'armoire, elle a pris un gros carton sur lequel était écrit : ÉCHANTILLONS DE ROCHES.

Elle a posé brutalement la lourde boîte sur son bureau, où Lise se reposait. Effrayé, notre iguane a fait un bond de côté.

Puis elle a renversé le contenu du carton et distribué à chacun des sept autres élèves un fragment de roche.

– Chacun d'entre vous va devoir trouver le nom de sa pierre mystère, a-t-elle dit. Ainsi, Carlos se sentira moins seul dans ses recherches...

Arnaud a reçu un morceau de roche friable, qui s'est aussitôt cassé en deux entre ses mains. Sur celui d'Ophélie, il y avait une sorte de dessin gravé. La pierre de Kicha était d'un noir luisant, celle de Raphaël, blanche et froide au toucher comme de la glace.

Anne-Laure a hérité d'une superbe pierre bleu vert, mais celle de Véronique avait l'air banal. Enfin, Thomas a empoché une roche couleur or, qui ressemble beaucoup à la mienne.

– J'ai un plan pour identifier ces roches, a dit Véronique. On pourrait utiliser l'échelle de Mohs ? J'ai fait mon exposé sur ce sujet.

– Une échelle ? s'est étonné Raphaël. Pour grimper où ?

– Mais non, idiot ! L'échelle de Mohs, c'est une série de graduations qui permet de mesurer la dureté des minéraux en les comparant entre eux.

## L'échelle de Mohs

| N° sur l'échelle de Mohs | Exemple de minéral | |
|---|---|---|
| 1 | talc | friable sous l'ongle |
| 2 | gypse | rayable avec l'ongle |
| 3 | calcite | rayable avec une pièce de monnaie en cuivre |
| 4 | fluorine | rayable avec le couteau |
| 5 | apatite | rayable avec le couteau |
| 6 | feldspath | rayable avec l'acier ou le sable |
| 7 | quartz | raye une vitre |
| 8 | topaze | rayable avec le carbure de tungstène |
| 9 | corindon | rayable avec le carbure de silicium |
| 10 | diamant | rayable avec le diamant |

Véronique

– C'est une bonne idée, a dit la maîtresse, mais j'en ai une meilleure... Pour découvrir l'origine de vos pierres mystères, rien ne vaut l'exploration sur le terrain. Les enfants, tous au Bus magique !

Et voilà comment nous nous sommes retrouvés à bord de l'avion magique, en train de survoler l'océan Atlantique !

Destination : le Grand Canyon, aux États-Unis !

# 2
# Le Grand Canyon !

« Le voyage sera long », a prévenu la maîtresse. Pour nous occuper, elle a distribué à chacun une brochure intitulée le *Guide du Grand Canyon*.

Nous profitons également du trajet pour nous intéresser de plus près à nos mystérieuses pierres.

Anne-Laure et Véronique effectuent des tests de dureté : elles frottent les roches entre elles pour voir laquelle raye l'autre. Ainsi, elles finissent par les classer de la plus tendre, celle d'Arnaud, à la plus dure, celle de Thomas.

– Mademoiselle, pourquoi nos roches sont-elles si différentes ? demande Véronique.

– C'est qu'elles sont constituées de plusieurs éléments, les minéraux. Leur composition les rend plus ou moins dures.

– Mais attention, nous allons commencer notre descente, avertit la maîtresse. Asseyez-vous tous ! Voyons qui sera le

## Un minéral, des minéraux

Un minéral est constitué de minuscules cristaux de même forme et de même nature chimique.

Une roche est un assemblage de plusieurs minéraux différents. Par exemple, le granite est une roche volcanique contenant les minéraux suivants : le quartz, le feldspath et le mica noir.

Carlos

premier à apercevoir cette merveille de la nature qu'est le Grand Canyon...

Nous survolons à présent un immense désert. J'ai le nez collé au hublot. Tout à coup, je repère une énorme faille dans le sol, si grande qu'on n'en voit pas le fond.

Je ne suis pas le seul à l'avoir remarquée. Véronique s'écrie :

– Regardez, on dirait que la Terre s'est ouverte en deux à cet endroit !

Et l'avion magique s'en rapproche dangereusement !

– Oh, non, gémit Arnaud. Ne me dites pas qu'on va tomber dans ce trou géant...

– Ce n'est pas un trou, dis-je. C'est le Grand Canyon !

– Mademoiselle, faites quelque chose ! panique Arnaud.

Mlle Bille-en-Tête n'a pas l'air inquiète et garde le sourire. Elle enfonce un bouton sur le tableau de bord.

Soudain, l'appareil se met à trembler de toute sa carlingue et un choc terrible nous projette en arrière. C'est comme si nous venions de heurter un mur. Heureusement que nous avions regagné nos sièges et bouclé nos ceintures !

Le rugissement des moteurs a fait place à un bourdonnement reconnaissable entre mille : celui des pales de l'hélicoptère magique.

Notre descente se poursuit beaucoup plus tranquillement.

L'hélicoptère longe les bords du canyon : d'abord la rive Sud, désertique, puis la rive Nord, plus boisée.

Des touristes nous adressent de grands signes. Mlle Bille-en-Tête manœuvre habilement entre les falaises, nous entraînant de plus en plus bas.

– C'est magnifique, toutes ces couleurs ! s'exclame Raphaël. On dirait qu'on a peint un arc-en-ciel sur les parois.

En effet, des couleurs éclatantes alternent sur plusieurs couches : rouille, crème, gris, violet, vert, brun, doré. Des rochers noir d'encre parsèment le sol du canyon.

L'appareil remonte jusqu'au bord du

# Une histoire gravée dans la roche

L'histoire du Grand Canyon est écrite sur des couches (entre treize et dix-neuf couches), appelées strates, qui se succèdent du haut en bas. Chacune de ces strates rocheuses s'est formée au cours d'une très longue période. Les roches au fond du canyon sont vieilles d'environ deux milliards d'années. Les plus récentes, tout en haut, datent de deux cent soixante-dix millions d'années.

Ces couches sont composées de différentes roches : calcaire, grès, schiste, mica, quartz, dolomite.

**Guide du Grand Canyon**

canyon et se pose à un endroit sans touristes. Nous sommes tous impatients de découvrir ce lieu magique. Nous descendons de l'hélicoptère en nous bousculant, sauf Lise, qui reste à bord. Quel bonheur de retrouver le sol sous nos pieds après ce long voyage !

Pourtant, une fois sortis, nous constatons avec surprise que l'endroit n'est pas si désert...

À quelques pas de l'appareil, une jeune femme en uniforme s'avance vers nous...

Et elle n'est pas seule : elle est entourée d'une dizaine d'animaux qui ressemblent à des ânes, en plus grands.

# 3
# En selle !

— Mademoiselle Bille-en-Tête ? demande la jeune femme. Heureuse de vous rencontrer. Les mules sont prêtes, comme vous me l'aviez demandé.

Apparemment, cette rencontre n'est pas le fruit du hasard... En voyant nos visages stupéfaits, la maîtresse éclate de rire.

— Les enfants, je vous présente Marita Chee. Elle est ranger, c'est-à-dire garde, dans le Parc national du Grand Canyon. Elle sera notre guide pour la journée. Je l'ai contactée juste avant notre départ.

— Bonjour, Marita ! crions-nous en chœur.

La jeune femme a de grands yeux marron

et une tresse de cheveux noirs dépasse de sous son chapeau. Elle porte un sac à dos qui semble bien rempli.

— Les enfants, dit-elle, nous allons commencer notre exploration. Tous en selle !

— Vous voulez dire qu'on va descendre le canyon sur le dos de ces animaux ? Alors, ça, pas question ! proteste Arnaud.

— Voyons, ne sois pas têtu comme une mule, se moque gentiment la maîtresse.

Moi, je ne me le fais pas dire deux fois. Je mets mon pied dans un étrier, balance ma jambe et hop ! Prêt à galoper.

De mon perchoir, j'ai une vue imprenable sur le Grand Canyon. D'ici, on dirait un puits sans fond. J'en ai le vertige !

— J'espère que ces mules savent ce qu'elles font, dis-je.

— Jusqu'à présent, aucune n'a encore perdu pied, me rassure Marita. Les mules du Grand

Canyon sont spécialement entraînées pour transporter les touristes jusqu'en bas. Elles savent parfaitement où poser leurs sabots sur les sentiers les plus étroits.

Me voilà rassuré. Mais, lorsque nous entamons notre descente, j'avoue que je ne suis pas fier... Le chemin est très raide !

C'est Marita qui prend la tête de l'expédition. Je suis juste derrière elle. Arnaud et Mlle Bille-en-Tête ferment la marche.

Ici, c'est le paradis des chercheurs de pierres. La piste serpente à flanc de falaise. Parfois, nous traversons des tunnels creusés dans la roche, et nous devons souvent contourner de gros blocs qui nous barrent le passage. À certains endroits, le sentier se resserre tellement que les mules ont à peine la place de passer.

Brusquement, Marita arrête sa monture. Les autres animaux s'immobilisent aussitôt, comme s'ils obéissaient à un ordre muet.

– Regardez ce mur et touchez-le, nous demande notre guide.

La roche est gris blanc et friable.

– D'après l'aspect, je suis sûre qu'il s'agit de roches sédimentaires, dit Anne-Laure.

## Les roches sédimentaires

Les roches sédimentaires se sont formées par érosion, c'est-à-dire par usure. Au fil du temps, les éléments naturels tels que le vent, l'eau, la chaleur, le gel, ainsi que la gravité, ont cassé et déplacé des morceaux de roche. Ces fragments, accompagnés de sable, de gravier, de coquilles et de déchets végétaux, se sont déposés en plusieurs couches. Ils ont formé des sédiments, qui ont durci en roches sédimentaires. Celles-ci présentent souvent des marques en forme de vaguelettes, ou marbrures, et sont généralement plus tendres que les autres types de roches. Certaines sont si friables qu'on peut les effriter à la main.

Anne-Laure

– Hé, mais je connais cette roche ! s'exclame Arnaud.

Il extrait de sa poche la pierre que lui a donnée la maîtresse ce matin. Même couleur, même texture tendre. Pas de doute, c'est bien la même roche.

– C'est du grès, commente Marita. Les couches supérieures du Grand Canyon sont constituées des roches sédimentaires les plus récentes : calcaire, grès et schiste.

– C'est bizarre, dit Kicha, à certains endroits de la roche, on dirait qu'il y a des dessins, ou des gravures.

– Ce ne sont pas des dessins, mais des fossiles, rectifie Mlle Bille-en-Tête. Il y a des centaines de millions d'années, l'eau recouvrait ce sol et elle y a déposé des sédiments, où se trouvaient des restes de crustacés, de poissons, d'insectes ou de végétaux. Tous ces débris ont laissé leur empreinte dans la roche.

– Je vois la trace d'un coquillage, constate Anne-Laure.

– Et ici celle d'une arête de poisson, ajoute Raphaël.

– Et voici un trilobite, nous indique Marita. C'est une petite créature marine, semblable à un insecte, très répandue sur Terre à l'époque.

Ophélie semble se rappeler quelque chose... Elle prend dans sa poche la pierre que lui a confiée Mlle Bille-en-Tête.

– Regardez, dit-elle fièrement. Le fossile d'un trilobite.

– Bravo, Ophélie, la félicite la maîtresse. Voici déjà deux roches mystères identifiées !

# Prisonniers de la pierre

Les minéraux sont des éléments naturels qui ne proviennent ni des plantes ni des animaux. Mais ils s'associent pour former des roches qui renferment parfois les restes d'organismes animaux ou végétaux ayant vécu autrefois.
On appelle ces restes des fossiles.

Empreinte de mammouth

Tronc d'arbre pétrifié

Insecte piégé dans de l'ambre

Squelette de poisson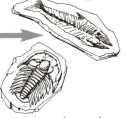

Trilobite

Si tu trouves un fossile pris dans la roche, alors il s'agit probablement d'une roche sédimentaire.

**Guide du Grand Canyon**

– Vous trouverez de nombreux autres fossiles en bas, dit Marita. Il est temps de se remettre en route !

D'un coup de talon, notre guide presse sa mule, qui repart, aussitôt suivie par les nôtres.

La chaleur devient étouffante.

On n'entend que les cris des oiseaux et le bouillonnement du fleuve Colorado qui coule tout au fond.

Pour nous distraire durant la descente, Marita nous raconte l'histoire du canyon, comment l'eau et le vent ont sculpté la roche pendant des millions et des millions d'années.

– J'ai l'impression que cette excursion dure aussi depuis des millions d'années ! se plaint Arnaud en essuyant la sueur de son front.

Alors que nous approchons du lit du fleuve, un grondement effrayant retentit tout à coup. Son écho se répercute de façon menaçante sur les parois du Canyon. Marita immobilise notre convoi et nous levons les yeux vers le ciel, à l'instant même où un éclair l'illumine.

De gros nuages noirs masquent le soleil. Un deuxième coup de tonnerre roule entre les falaises rocheuses. Et la pluie se met à tomber, si brutalement que ma chemise est trempée en quelques secondes.

– Mademoiselle Bille-en-Tête, il faut s'éloigner immédiatement, avertit Marita. L'eau monte très vite ici !

Soudain, un bruit familier nous fait à nouveau tourner notre regard vers le ciel.

– Là ! s'écrie Anne-Laure en pointant son doigt vers la silhouette de l'hélicoptère magique, qui grossit à vue d'œil.

Cette brave Lise a senti le danger et vole à notre secours ! L'appareil se balance maintenant à quelques mètres au-dessus de nos têtes.

Mais il y a un problème... Il n'a nulle part où se poser, et les rafales de vent qui s'engouffrent dans le Canyon sont très violentes.

Elles menacent à chaque instant de le pousser contre la paroi rocheuse.

– Descendez des mules, hurle Marita par-dessus le bruit assourdissant de l'orage et des pales de l'hélicoptère. Elles remonteront plus facilement sans leur chargement.

En effet, nous avons à peine mis pied à terre que nos montures rebroussent chemin à toute vitesse. Les mules sont sauvées, mais pas nous ! Et un grondement terrible résonne encore. Cette fois, il ne s'agit pas du tonnerre...

– C'est quoi, ce bruit ? s'inquiète Ophélie.

Marita devient toute pâle.

– L'eau, dit-elle. L'eau arrive...

# 4
# Emportés par les flots

– Que faire ? crie Marita. La montée des eaux peut être très rapide. Et l'hélicoptère ne pourra jamais se poser dans ces conditions !

Le rugissement du fleuve en crue se fait entendre de plus en plus fort.

Il se produit alors un évènement incroyable. L'hélicoptère est secoué dans tous les sens. Ses contours deviennent flous, il est en train de se déformer... Puis une sorte de grosse boule jaune tombe dans l'eau juste sous nos yeux. À travers le rideau de pluie, nous distinguons ce qui vient d'atterrir devant nous : un vaste radeau de sauvetage pneumatique. Et, à son bord, Lise, qui jette un cordage à la maîtresse.

– Dépêchez-vous ! hurle Mlle Bille-en-Tête pour se faire entendre malgré le grondement de l'eau. Montez avant que le courant ne l'entraîne, et enfilez les gilets de sauvetage qui sont sous les bancs.

Nous nous ruons dans le radeau plus vite que les mules sur le chemin du retour. Il était temps !

Au moment où la maîtresse nous rejoint, le fleuve déboule dans un bouillonnement d'écume et se précipite sur nous.

Mlle Bille-en-Tête lâche le cordage, et nous voilà emportés par une vague furieuse !

Notre radeau est ballotté comme un jouet sur les flots enragés. Des paquets d'eau déferlent sur nous.

– Au secours, s'écrie Arnaud. J'ai de l'eau plein les yeux !

– Oui, mais... sans l'aide de Lise, tu en aurais jusque par-dessus la tête ! rappelle la maîtresse.

– Tenez-vous fermement aux cordes ! hurle Marita. On s'approche de courants très puissants : les fameux rapides du Colorado.

– C'est vrai que les rapides du Grand Canyon sont parmi les plus dangereux du monde ? demande Thomas.

Marita ne répond pas, ce qui est sûrement mauvais signe. Assis à l'avant du radeau, je suis le premier à apercevoir les terribles tourbillons. Une minute plus tard, nous sommes pris dedans !

Nous poussons tous un cri de terreur. Surfer sur des rapides, c'est pire que d'essayer de rester sur le dos d'un cheval sauvage !

Peu à peu, la frayeur fait place à l'excitation. Les parois de couleur défilent de chaque côté de l'embarcation.

Nous ouvrons tous des yeux émerveillés, sauf Arnaud, qui est toujours vert de peur.

Puis le fleuve finit par s'élargir et l'eau par se calmer. La pluie s'arrête aussi vite qu'elle s'est mise à tomber. Le soleil reparaît et fait briller les murs d'un rose éclatant.

À l'aide des pagaies qui équipent le radeau, Marita et Mlle Bille-en-Tête nous rapprochent des parois du canyon, jusqu'à pouvoir les toucher.

Nous passons la main sur la surface de cette pierre, qui est dure et rugueuse.

– La couche inférieure du Grand Canyon, explique Mlle Bille-en-Tête, est constituée de roches magmatiques, plus anciennes que les roches sédimentaires.

– Je sais ! intervient Arnaud. J'ai fait mon exposé sur le sujet. Ce sont des roches liquides de la croûte terrestre qui se sont solidifiées.

## Les roches magmatiques

Dans les profondeurs de la Terre, la température est si élevée que la roche entre en fusion : elle fond et forme le magma. Quand il refroidit, il se transforme en pierres à gros cristaux, comme le granite. En surface, lors d'éruptions volcaniques, le magma prend le nom de « lave ». Elle se solidifie très rapidement et la roche ainsi formée contient des cristaux microscopiques. Parfois, des roches volcaniques se refroidissent et durcissent tellement vite que les cristaux n'ont même pas le temps de se former. Par exemple, l'obsidienne est une roche lisse et transparente.

Arnaud

— Regardez, nous indique Raphaël, ce sont les taches noires qu'on a aperçues d'en haut.

Il désigne une étendue d'un noir étincelant, presque translucide, et lisse au toucher.

— Bien vu, Raphaël, dit Marita. C'est un gisement d'obsidienne. Certaines tribus indiennes utilisaient cette pierre pour fabriquer des pointes de flèches.

— Mais je la connais ! s'exclame alors Kicha.

Elle sort de sa poche le morceau de roche que lui a donné Mlle Bille-en-Tête.

— Bravo, Kicha ! la félicite la maîtresse. Roche mystère numéro trois identifiée ! Cela mérite bien une petite pause casse-croûte...

— Mais on n'a rien à manger ! rappelle Thomas.

— Tu oublies que nous sommes à bord

d'un radeau de sauvetage, il y a donc forcément des rations de survie.

Mlle Bille-en-Tête ouvre une boîte en fer qui se trouve sous son banc, à l'arrière. Elle en sort des paquets de biscuits, que nous partageons. Après toutes ces émotions, cela fait du bien de manger un peu !

Pendant que nous grignotons, Marita finit de nous expliquer comment s'est formé le Grand Canyon.

— Il y a soixante-cinq millions d'années, dit-elle, la terre s'est soulevée pour former le plateau du Colorado.

Quatre millions d'années plus tard, le fleuve Colorado a coulé dessus.

– Et le fleuve était si puissant qu'il a coupé le plateau en deux, et créé le Canyon, complète Mlle Bille-en-Tête. Bien sûr, cela a pris des millions d'années.

– Ça, on a vu à quel point le Colorado pouvait être puissant ! confirme Arnaud.

## Un plateau abîmé

Un plateau est une zone de terrain élevée et plate. Avec ses 337 000 km² de superficie, le plateau du Colorado est immense.

L'eau, en s'écoulant sur ses pentes vers la mer, entraîne avec elle de la poussière, du sable et des fragments de roche. Ces débris usent aussi la roche sur laquelle ils voyagent. Ce phénomène d'usure s'appelle l'érosion.

**Guide du Grand Canyon**

– Mais comment sait-on que les deux côtés du Canyon étaient autrefois réunis ? interroge Kicha.

– Eh bien, la réponse est inscrite dans la pierre ! répond Marita. Les géologues ont prouvé que les strates de chaque côté se correspondaient exactement.

– Ce qui prouve aussi que les géologues sont vraiment intelligents ! dis-je.

– Tu m'as l'air passionné de géologie, toi aussi ! observe Marita.

Cette remarque me fait soudain penser à la pierre de mon grand-père. Pourvu qu'elle ne soit pas tombée à l'eau ! Non, elle est toujours dans ma poche. Je sors ma pierre pour la montrer à notre guide.

– Pouvez-vous m'aider à identifier ce morceau de roche ? Il appartenait à mon grand-père, qui travaillait dans une ancienne mine.

Marita étudie soigneusement mon échantillon. Elle a la même réaction de surprise que Mlle Bille-en-Tête ce matin.

– Oui... je comprends. Eh bien, je crois savoir exactement où trouver cette mine. Mais il va nous falloir un autre moyen de transport...

# En territoire indien

Quelques instants plus tard, le radeau s'est transformé en hydravion magique. Il prend de la vitesse et décolle sous le nez d'un coyote, un animal qui ressemble à un croisement de renard et de loup.

Nous survolons le désert, et la vue est magnifique !

– Regardez, dit Kicha en désignant de gros rochers rouges éparpillés sur cette immensité vide. Des buttes !

On dirait des sculptures en forme de tours.

— Quand on sera rentrés, tu pourrais peut-être sculpter de petites buttes en terre glaise, suggère Mlle Bille-en-Tête.

— Mais ça ne sera pas aussi joli qu'en vrai..., répond l'intéressée.

— Qui veut voir où habitaient les Indiens natifs de cette région du Colorado ? propose Marita.

— Vous voulez parler des Anasazis ? demande Thomas.

— Tu t'es bien renseigné pour ton exposé ! le complimente la maîtresse.

L'avion magique effectue un virage sur l'aile et, bientôt, nous apercevons un site extraordinaire : un village construit dans la roche, à flanc de montagne.

— Est-ce que c'est Mesa Verde ? reprend Thomas.

— C'est bien cela. Mais attendez de survoler de plus près les habitations bâties par le peuple des Anasazis !

Mlle Bille-en-Tête manœuvre l'avion pour passer en rase-mottes devant les maisons sculptées dans la pierre.

## Ma maison dans la montagne

Une habitation troglodytique est une maison creusée dans la roche. L'ancien peuple anasazi construisait ses villages dans les hautes montagnes du sud-ouest des États-Unis.

À Mesa Verde, le site le plus vaste, il existe une habitation qui comporte plus de 200 chambres.

Les archéologues, les scientifiques qui étudient les vestiges du passé, font remonter ces constructions entre 450 et 1300 après Jésus Christ. Mesa Verde est maintenant un parc national et un lieu touristique très fréquenté.

Thomas

– À présent, cap sur la mine ! déclare Mlle Bille-en-Tête.

– Juste après une dernière halte, prévient Marita. Il y a un endroit que je voudrais d'abord vous montrer...

La jeune femme indique à la maîtresse la direction à prendre. Après avoir volé quelques minutes, l'avion se faufile dans un canyon étroit. Ses parois sont constituées d'une roche blanche qui étincelle au soleil.

– Ce sont des falaises de marbre, une roche métamorphique, commente notre guide.

## Les roches métamorphiques

Elles proviennent de la transformation de roches sédimentaires ou magmatiques ou d'autres roches métamorphiques, sous l'action de la chaleur et de la pression sous terre.

Anne-Laure

– Hé ! s'exclame Raphaël en tirant sa pierre blanche de la poche, je viens d'identifier la pierre mystère numéro quatre ! C'est du marbre !

– Exact, Raphaël, confirme la maîtresse.

Véronique en profite pour sortir également sa pierre.

– On dirait un simple caillou, dit-elle. Vous savez où on en trouve par ici ?

– J'ai ma petite idée, en effet ! répond notre guide.

Elle se tourne vers Mlle Bille-en-Tête et demande :

– Est-ce que vous pouvez vous poser par ici ?

– Aucun problème !

La maîtresse abaisse un levier... Sur l'écran de contrôle, le voyant lumineux a changé : l'image d'un train d'atterrissage a remplacé le symbole en forme de patins. L'avion magique peut à présent se poser sur la terre ferme.

Par chance, un bout de piste en ligne droite se devine juste devant nous. Mlle Bille-en-Tête dirige l'appareil droit dessus. Avec beaucoup d'habileté, elle parvient à se poser sans trop de secousses !

Nous continuons de rouler sur la piste lorsque, soudain, nous subissons une nouvelle transformation... Nous voilà maintenant brinquebalés en jeep magique, secoués comme des pruniers ! Le véhicule n'a pas de vitres, pour laisser circuler l'air et nous permettre de mieux admirer le paysage.

— Mademoiselle Bille-en-Tête, après cette grosse butte devant nous, prenez à gauche, indique Marita.

Quelques instants plus tard, la jeep s'immobilise. Nous sautons à terre pour suivre notre guide jusqu'à un rocher entouré de grosses pierres.

Véronique en prend une et la compare à sa pierre mystère. Pas de doute, il s'agit bien de la même roche.

— Je ne vois vraiment pas ce qu'elle a de particulier, dit Véronique, assez déçue.

— C'est parce qu'elle cache bien son jeu..., répond Marita.

Notre guide se défait du sac à dos qu'elle porte depuis le début de l'expédition. Elle en tire un petit marteau et, d'un coup sec, ouvre la pierre de Véronique en deux ! À l'intérieur, on peut admirer des cercles concentriques de cristaux de couleurs différentes.

– Une géode ! dis-je.

– Et elle est de toute beauté ! ajoute notre maîtresse.

## Un secret bien gardé

Comment les géodes, véritables boules de cristal, se forment-elles ?

1. Des bulles de gaz se retrouvent emprisonnées entre des couches de roche. Elles créent des trous, ou cavités, qui se remplissent d'eau.

2. L'eau s'évapore en abandonnant des minéraux, qui tapissent les bords de la cavité.

3. Des couches de minéraux de différentes couleurs viennent se superposer au fil du temps.

4. Pour découvrir les secrets d'une géode, il faut la casser en deux.

Anne-Laure

Chacun veut avoir sa géode, et nous nous mettons à fouiller les environs. Bientôt, le sac de notre guide se trouve bien alourdi !

Seulement, moi, je ne sais toujours pas d'où provient ma pierre. Il est temps de rappeler à Marita le but de notre expédition !

– Est-ce qu'on est loin de la mine ?

– Notre minéralogiste en herbe ne perd pas le nord ! plaisante Mlle Bille-en-Tête.

– Carlos a raison, approuve Marita. Il ne

faut pas tarder. J'ai promis à mon oncle que nous serions là avant la fermeture du comptoir.

– C'est chez votre oncle que l'on va ? demande Ophélie.

– Eh oui ! Il tient un ancien comptoir minier transformé en atelier-musée. Les comptoirs étaient des commerces où les mineurs venaient échanger leur or contre des provisions.

– Alors, en route ! ordonne Mlle Bille-en-Tête

Nous nous précipitons vers la jeep magique et nous entassons à l'intérieur.

# 6
# L'oncle Mica

Après une heure de piste cahotante, la jeep s'arrête dans un nuage de poussière devant une drôle de cabane, tout droit sortie d'un western. Un panneau au-dessus de la porte indique : « Comptoir de la Piste Turquoise ».

Un homme grand aux cheveux gris nous attend sur les marches en bois.

– Eh bien, ma nièce, dit-il d'un ton enjoué. Qui m'amènes-tu ?

La jeune femme nous présente à son oncle Mica, qui nous invite à entrer.

À l'intérieur, le décor est étonnant ! Les murs sont tapissés de couvertures navajos

– une tribu indienne –, et ornés de têtes de bisons, de bijoux, de pointes de flèches et de silex.

– J'étais justement en train de travailler, dit l'oncle Mica.

– Mon oncle est un joaillier très réputé. Il s'inspire de l'art navajo. Attendez de voir ses créations : de vraies petites merveilles !

– Moi, j'aime tellement les bijoux que j'ai fait mon exposé sur le sujet, dit Ophélie.

# Les meilleurs amis des filles

Les pierres précieuses et semi-précieuses sont une catégorie de minéraux rares qui ont de très belles couleurs. Les joailliers travaillent ces pierres pour en faire des bijoux.

- Le diamant est normalement transparent et brille de mille feux.
- Le rubis est rouge.
- Le saphir est bleu.
- L'émeraude est verte.
- L'opale peut être transparente ou opaque, blanche, noire, grise, jaune orangé, rouge, rose... et ses reflets sont multicolores.

Le poids d'une pierre fine ou précieuse est exprimé en carats. Autrefois, la pierre était pesée dans une balance, face à un tas de fèves de caroube, une graine qui ressemble à celle du chocolat. Un carat équivaut au poids d'une fève de caroube.

Ophélie

Nous suivons l'artisan dans son atelier, derrière la boutique. Sur une table s'étalent des pierres de toutes les formes et couleurs.

– Voici un grenat, nous dit-il en désignant une pierre rouge.

J'aperçois également une étonnante pierre d'un bleu ciel profond.

– Et celle-ci, c'est une turquoise ?

– Non, Carlos, c'est une pierre encore plus chère, appelée lapis-lazuli.

Anne-Laure, elle, a reconnu tout de suite la pierre que lui a donnée Mlle Bille-en-Tête.

Elle la sort de sa poche pour la montrer à l'oncle Mica.

– Une façon d'identifier une pierre, dit celui-ci, c'est le test de la trace. Regardez...

Il frotte la pierre d'Anne-Laure contre une plaque blanche. Une trace bleu clair apparaît.

– C'est bien la couleur de la poudre de lapis-lazuli, explique-t-il.

– Bravo, Anne-Laure. Le mystère de la pierre numéro six est levé ! dit la maîtresse.

L'oncle Mica désigne plusieurs pierres de couleur bleu vert, qu'il est en train de monter sur des bagues en argent.

– Ça, ce sont des turquoises, dit-il. La couleur provient du cuivre et des traces de fer dans la pierre. Plus il y a de fer, plus la pierre tire sur le vert.

– Pourquoi votre comptoir s'appelle-t-il « Piste Turquoise » ? interroge Thomas.

– Tout simplement parce qu'on trouve des gisements de turquoise dans les environs.

J'en profite pour ressortir la roche trouvée dans mon grenier.

## Le test de la trace

La couleur des minéraux peut être variable.
La tourmaline, par exemple, est noire,
marron, rose, verte ou bleue. Il existe
un moyen d'identifier les pierres : le test
de la trace. Voici comment :

1. On prend la face rugueuse d'une plaque
blanche de porcelaine.
2. On frotte le minéral contre la plaque.
3. On regarde la couleur de la trace laissée
par la poudre de la pierre.

Par exemple :

| Minéral | Couleur de la trace |
|---------|---------------------|
| Tourmaline | blanche |
| Malachite | verte |
| Hématite noire | rouge cerise |
| Lapis-lazuli | bleu clair |
| Or | jaune d'or |
| Pyrite | verdâtre |

Ophélie

L'air perplexe, Mica l'étudie sous tous les angles et passe son ongle dessus.

Il réfléchit à voix haute :

– Voyons : dureté de 3 sur l'échelle de Mohs, surface brillante, couleur jaune éclatante. Essayons le test de la trace...

Il sort de la poche de son jean une petite plaque de céramique et frotte mon morceau de roche dessus. La trace est jaune d'or...

– Est-ce que ça veut dire que...

– Mais oui, c'est bien de l'or ! confirme l'oncle Mica.

Ça alors, si je me doutais... L'héritage de mon grand-père : une pépite d'or ! Dire que pendant toutes ces années nous

dormions avec un trésor sous le toit de la maison...

— On trouve aussi de l'or dans la région ? demande Ophélie.

— Effectivement, répond l'oncle Mica. Pas très loin d'ici, en fait, il y a une ancienne mine d'or. Si cela vous tente de la visiter...

Bien sûr que cela nous dit... On ne va pas laisser passer une opportunité... en or !

Nous quittons l'atelier pour regagner le magasin.

— On prend votre engin ? suggère le vieil homme.

— Pour ce genre d'expédition, je crois que j'ai mieux..., dit la maîtresse d'un air énigmatique.

En effet, lorsque nous franchissons la porte, une surprise nous attend !

# 7 La ruée vers l'or !

Une diligence, comme au temps du Far West, est garée devant la cabane ! Elle est tirée par quatre chevaux magnifiques. Nous n'en croyons pas nos yeux. L'oncle Mica est tellement ravi qu'il lance son chapeau en l'air.

– Bon sang ! J'aimerais bien savoir comment vous avez fait pour mettre la main sur une telle merveille. Et comme neuve, avec ça !

Bien sûr, il ne peut pas deviner qu'il s'agit d'une nouvelle transformation du Bus magique.

Lise trône fièrement sur le siège en bois. Mlle Bille-en-Tête la rejoint et s'empare des rênes. Il faut absolument que je monte là-haut. Avant que les autres aient la même idée, je demande :

– Je peux venir avec vous ?

Je n'attends même pas la réponse pour me hisser aux côtés de la maîtresse.

Le reste de la classe, ainsi que Marita et son oncle, s'entassent dans la diligence.

– Hue ! s'écrie Mlle Bille-en-Tête.

À son signal, les chevaux partent au galop, entraînant la diligence à un train d'enfer. De l'intérieur me parviennent les cris de surprise et de joie des passagers durement ballottés.

L'attelage caracole ainsi pendant une demi-heure. Puis l'oncle Mica, penché à la fenêtre, s'exclame :

– Prenez à droite juste après la prochaine butte !

La diligence poursuit ensuite sa route et passe entre de petites collines balayées par le vent. La végétation apparaît sèche et aride. Nous sommes obligés de nouer des mouchoirs sur le visage pour nous protéger de la poussière.

Tout à coup, la piste débouche dans une

vallée traversée par une rivière. Et, au bord de l'eau, nous apercevons des maisons groupées les unes contre les autres. C'est un village, perdu dans le désert. Qui peut bien habiter ici ?

Bientôt, nous faisons notre entrée par la rue principale. Nous passons devant un hôtel, un saloon et de nombreux bâtiments aux fenêtres cassées et aux volets secoués

par le vent. Ils semblent tous sur le point de s'écrouler. Soudain, nous réalisons que le village n'est plus habité, et depuis longtemps !

– Une ville fantôme ! murmure Raphaël.

L'oncle Mica passe à nouveau la tête par la fenêtre pour crier :

– Prenez la prochaine rue à droite, elle mène à la rivière !

## Bienvenue chez les fantômes

Au temps de la ruée vers l'or, dans la seconde moitié du XIXᵉ siècle, les villes poussaient comme des champignons là où le précieux métal avait été trouvé. Les bâtiments étaient construits à la hâte, avec des matériaux bon marché. Lorsque l'or se faisait rare, les mineurs abandonnaient la ville aussi vite qu'ils s'y étaient installés. De nombreux villages restent ainsi déserts, leurs maisons fantômes alignées le long de rues vides.

Raphaël

Je ne suis pas mécontent de laisser la ville fantôme derrière nous... Cette ambiance fiche vraiment la trouille.

Les chevaux s'arrêtent dans un nuage de poussière près d'un vieux pont de bois qui enjambe l'eau.

Nous sautons de la diligence et suivons notre guide jusqu'à un coude dans la rivière.

– Mais je croyais que nous allions visiter la mine, dis-je.

– Les anciens chercheurs d'or trouvaient souvent le métal dans les cours d'eau, explique l'oncle Mica. Quand la roche qui emprisonne le minerai s'effrite, l'or est drainé jusque dans les rivières. Il se dépose au fond, parmi les cailloux et le sable, qu'il faut filtrer à l'aide d'un récipient appelé batée.

La maîtresse revient justement de la diligence avec un sac contenant plusieurs batées. L'oncle Mica en prend une, et nous montre la technique du chercheur d'or, appelé aussi orpailleur. Il racle un peu de sable et de gravier au fond de l'eau, puis fait tourner sa batée.

– Les éléments les plus légers, le sable et le gravier, sont chassés vers les bords, explique-t-il. L'or, qui est plus lourd, reste au fond.

Il reproduit ce mouvement plusieurs fois, jusqu'à ce que l'eau devienne claire.

– Là, vous voyez ces petits grains jaunes qui brillent ? dit-il enfin. C'est de la poussière d'or. Avec un peu de chance, vous pouvez même dénicher une pépite... Qui veut essayer ?

Évidemment, nous sommes tous volontaires !

Nous formons des groupes de deux pour nous relayer à la batée, parce que le travail est long et fatigant. Je fais équipe avec Raphaël. Mais, après une demi-heure de

recherches, sans succès, nous abandonnons car nous avons des crampes dans les bras. Tant pis ! Pas de pépite aujourd'hui...

Tout à coup, un cri retentit. C'est Thomas qui a trouvé quelque chose !

Notre spécialiste en minéraux accourt pour examiner la pierre, de la taille d'une bille. Tout le monde se presse autour du veinard.

L'oncle Mica sort de sa poche une petite plaque en porcelaine et frotte la pierre dessus : une trace noirâtre, et non jaune d'or, apparaît.

– Je suis désolé, Thomas. C'est de la pyrite. Tu n'es pas le premier à la confondre avec de l'or. De nombreux chercheurs ont crié victoire un peu trop vite !

– Au moins, soupire Thomas en sortant sa pierre mystère, j'ai identifié notre dernier morceau de roche mystère.

– Bravo, Thomas ! le félicite la maîtresse. C'est bien de la pyrite.

Tout de même, nous devons avoir l'air déçu car l'oncle Mica nous propose de nous diriger vers la mine.

– Peut-être aurez-vous plus de chance là-bas, dit-il.

L'entrée de la mine est située à quelques pas seulement. M. Chee ouvre la marche, et Mlle Bille-en-Tête la ferme. Nous suivons deux rails qui courent sur le sol. Bientôt, nous sommes pris dans l'obscurité. Seul l'oncle Mica possède une lampe torche. Comment allons-nous poursuivre notre exploration dans le noir ?

Soudain, nous sommes bloqués par un obstacle qui encombre la voie de chemin de fer.

Dans le faisceau de la lampe, nous apercevons l'un de ces wagonnets qui emmenaient les mineurs jusque dans les profondeurs de la terre. Hélas, il n'y a de la place que pour deux personnes.

C'est alors qu'un grondement emplit la caverne, rebondissant contre les parois rocheuses. Deux gros yeux jaunes nous aveuglent, tandis qu'un animal monstrueux se précipite sur nous...

# 8
# Dans la mine

Nous avons à peine le temps d'avoir peur, avant que « l'animal » s'immobilise devant nous. Nous poussons aussitôt un soupir de soulagement : il ne s'agit que du Bus magique, transformé en wagon magique géant.

Les deux gros projecteurs éclairent loin devant. Aux commandes, une Lise souriante porte un casque surmonté d'une lampe frontale.

– Vous trouverez sous chaque siège un casque muni d'une lampe et un marteau, nous indique la maîtresse. Ce sont les accessoires indispensables du mineur.

Pendant que les autres se précipitent à l'intérieur du wagon magique, je prends place avec Mlle Bille-en-Tête dans le vieux wagonnet. La maîtresse me laisse actionner la pompe à main qui permet de le faire avancer.

– Prenez le tunnel à gauche, nous crie M. Chee, qui a rejoint les autres élèves dans le wagon magique. C'est là qu'on a trouvé de l'or pour la dernière fois.

Nous bifurquons à gauche et continuons de filer jusqu'à ce que l'oncle Mica nous crie de nous arrêter.

À cet endroit, le tunnel a été agrandi et forme une grande salle.

– Tout le monde descend ! ordonne la maîtresse. Prenez vos marteaux, et au travail !

Nous commençons à tailler dans la roche. La lumière de ma lampe frontale éclaire les veines de minéraux qui hachurent la roche en zigzag. Je m'y attaque à grands coups de marteau, sûr d'avoir trouvé un filon.

Mais, soudain, mes efforts sont interrompus par une sorte de grognement sourd, dont l'écho se répercute sur les parois de la caverne et couvre le bruit des marteaux. Nous tournons la tête vers le tunnel par où nous sommes arrivés, les yeux agrandis de peur. Puis la terre se met à bouger sous nos pieds !

– Un tremblement de terre ! hurle l'oncle Mica. Il faut sortir d'ici, et vite !

Nous laissons tomber nos outils pour nous ruer vers le wagon magique. L'oncle Mica monte avec nous. Puis, la maîtresse abaisse un levier et nous roulons vers la sortie.

Lorsque je regarde en arrière, je vois de la roche tomber du plafond de la mine et recouvrir la voie. Pourvu que le toit de la mine ne s'écroule pas sur nos têtes !

Lise appuie sur un gros bouton rouge du tableau de bord, et une accélération terrible nous fait basculer en arrière. Le wagon magique file comme une fusée. Je dois me tenir aux bords pour ne pas tomber.

— Je vois de la lumière au bout du tunnel ! s'exclame Anne-Laure.

L'instant d'après, nous jaillissons à l'air libre. À ce moment précis, un pan entier de roche s'effondre derrière nous, bloquant l'entrée de la mine.

— C'était moins une ! dit Mlle Bille-en-Tête.

– En effet, approuve Marita. Je suis désolée que vous n'ayez pas eu le temps de trouver d'or... Mais votre sécurité passe avant tout.

Ma pépite ! J'espère que je ne l'ai pas perdue dans notre fuite précipitée. Ma main vole vers la poche de mon pantalon. Ouf, elle est toujours là.

Je sors la pierre à la lumière, et un rayon de soleil fait briller ses zébrures dorées. Mon grand-père a vraiment eu beaucoup de chance de faire ce qu'il aimait toute sa vie. J'aimerais bien, moi aussi, avoir un métier aussi aventureux.

Car, finalement, ce que l'on vient de vivre avec les copains vaut plus que tout l'or du monde !

# Si tu as aimé ce livre,
## tu peux lire d'autres histoires
### dans la collection